# 토비의 작은 나무들

Toby's Little Trees
Copyright ⓒ 2018 by Rocket Baby Club
All rights reserved.

No part of this book may be used or reproduced in any manner whatever without written permission,
except in the case of brief quotations embodied in critical articles or reviews.
Korea Translation Copyright ⓒ 2023 by SJW International
Korean edition is published by arrangement with Rocket Baby Club,
Cambridge, U.S.A. through BC Agency, Seoul

이 책의 한국어판 저작권은 BC 에이전시를 통한 저작권자와의 독점 계약으로 SJW International에 있습니다.
저작권법에 의해 한국 내에서 보호를 받는 저작물이므로 무단전재와 무단복제를 금합니다.

# 토비의 작은 나무들

## 어린이를 위한 머신 러닝:
## 머신 러닝으로 나무의 종류를 맞혀요!

로켓 베이비 클럽 지음

강세중 옮김

2018년 하버드 대학교와 MIT 연구원들은 젊은 세대에게 새롭고 흥미로운 발견을 전달하자는 오랫동안의 연구 끝에 어린이와 어른 모두에게 복잡해 보이는 주제를 쉽고 체계적으로 전달할 수 있는 교육 콘텐츠를 만들었습니다. 이러한 노력이 담긴 이 책을 즐겁게 읽어주세요. 여러분의 다양한 의견을 환영합니다!

RocketBabyClub LLC
Cambridge, MA, USA
Join the Rocket Baby Club now at www.rocketbabyclub.com

시원
주니어

안녕! 나는 너의 고양이 친구 '토비'야.
나를 기억하고 있지?

작은 사과 나무도 있고,
작은 오렌지 나무도 있어.

나무가 작을 때는
어느 나무가 사과이고 오렌지인지
둘을 구분하기가 아주 어려워.

만일 큰 사과 나무 옆에
작은 나무 두 그루가 있다면?
큰 사과 나무에 더 가까이 있는 나무는
사과 나무일 거야.
작은 나무는 부모 나무 옆에서 자라니까.

작은 나무가 사과 나무인지
오렌지 나무인지 궁금하면,
작은 나무 곁에 가장 가까이 있는
큰 나무를 찾아보면 돼!

과일 농장에 있는 작은 나무들은
어느 나무일까?
사과 나무인지 오렌지 나무인지
너무 알고 싶네!
지금부터 나무를 구분해볼 건데
너도 도와줄래?

여기 새로운
작은 나무가 있어.
이 나무는 사과 나무일까,
오렌지 나무일까?

작은 나무 가까이에 큰 사과 나무가 있네!
그럼 작은 나무도 사과 나무일 거야!

이번에도 사과 나무야!
나무 곁에 큰 사과 나무가 있지.

우아, 우리 너무 잘하는걸!
이제 넌 나무를 알아볼 수 있어!
전문가가 된 거지!

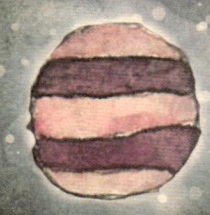

이렇게 가장 가까이 있는
물체를 찾아보는 방법은
여러모로 쓸모가 많아.

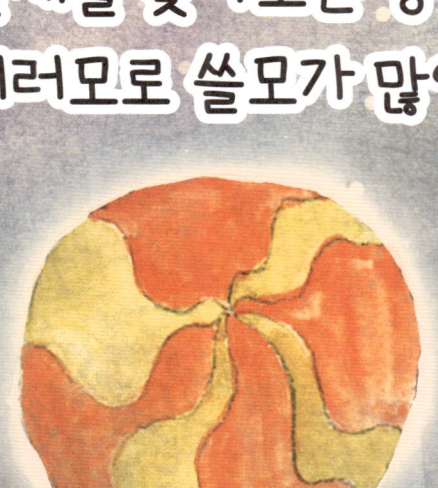

\* '근접'은 '가까이 접근함'을 말해.
'최근접'이란, '가장 가까이 접근함'을 뜻하지.
가장 가까이 있는 물체, 즉 주변(이웃)을
찾아보는 것(탐색)을 '최근접 이웃 탐색'
이라고 불러.

과학자들은 이러한 방법을
'최근접 이웃 탐색'\*이라고 불러.
똑똑한 과학자들도 이 방법을 쓰고 있어.
무언가 새로운 게 나타났을 때,
옛날부터 있던 건지,
새롭게 나타난 건지 알 수 있거든.

## 가장 가까이 있는 물체를 왜 찾아봐야 할까?

머신 러닝에서는 데이터를 분석하는 방법(알고리즘)이 중요해요. 고양이 토비의 이야기에서 나온 '최근접 이웃 탐색'은 머신 러닝에서 아주 기본이 되는 알고리즘 중 하나예요.

머신 러닝은 다양한 상황을 예상하고 준비하는 데 도움을 줘요. '자율 주행 자동차'를 예로 들어볼게요. 자율 주행 자동차는 전 세계 사람들의 몸의 모양이 어떤지 다 알지는 못해요. 그래도 스스로 운전을 하려면 사람을 정확히 알아봐야 하죠. 안전을 위해서예요. 이를 위해 자율 주행 자동차는 물체의 특징이 사람의 생김새와 일치하는지를 살펴봐요. 여기서 머신 러닝은 한 번도 본 적 없는 새로운 물체를 만났을 때 사람인지 아닌지 알아보는 데 이용되죠.

머신 러닝은 다양한 물체의 특징을 '양'으로 정리해서 숫자로 표현할 수 있어요. 자율 주행 자동차는 사람의 특징을 숫자로 정리해요. 예를 들어, 사람의 몸 은 키가 백 몇 센티미터이고, 너비는 몇 십 센티미터이며, 두 손에 각각 손가락이 다섯 개씩 있는 특징을 지닌 물체로 파악하는 거죠.
물체의 특징을 양으로 정리해서 숫자로 표현했을 때, 그 숫자들이 서로 비슷하다면 그것이 가리키는 사물도 비슷해요. 예를 들어, 키가 백 몇 센티미터이고 너비는 몇 십 센티미터이며, 두 손에 각각 손가락이 다섯 개씩 있는 물체는 키가 수십 미터인 것보다 사람일 가능성이 더 높죠.

물체의 특징에 대한 숫자들이 서로 얼마나 비슷한지 알 수 있으려면 둘 사이의 거리를 재보면 돼요. 거리가 가까울수록 물체가 더 비슷하다는 뜻이죠. 토비는 이 방법으로 사과 나무와 오렌지 나무를 찾았어요. 토비는 종류를 알 수 없는 나무(구별되지 않은 데이터값)의 곁에 가장 가까이 있는 나무(가장 가까운 데이터값)를 보고 사과 나무인지 오렌지 나무인지 알아낼 수 있었어요.

## 로켓 베이비 클럽 커뮤니티

이 책을 재미있게 읽었나요? 로켓 베이비 클럽의 다른 제품이 궁금하신가요? 그렇다면 www.rocketbabyclub.com 웹사이트를 방문하시거나 admin@rocketbabyclub.com으로 이메일을 보내주세요. 로켓 베이비 클럽은 언제나 여러분을 기다리고 있습니다!

## 로켓 베이비 클럽 사람들

어린이를 위한 머신 러닝 '토비의 작은 나무들 - 머신 러닝으로 나무의 종류를 맞혀요!' 편은 하버드 대학교 공과대학(Harvard School of Engineering and Applied Sciences)의 펠릭스 웡(Felix Wong)이 이끄는 연구진이 만들었습니다. 그림은 회화와 그림 동화에 엄청난 열정을 가진 재능 있는 화가 롱 지앙(Rong Jiang)이 그렸어요.

www.rocketbabyclub.com에서 더 많은 정보를 찾아보세요!

옮김 **강세중**

서울대학교 수학교육과를 졸업하고 IT 회사에서 오랫동안 근무하였다. 현재 번역 에이전시 엔터스코리아에서 출판 기획 및 전문 번역가로 활동 중이다. 옮긴 책으로는 《오무아무아: 하버드가 밝혀낸 외계의 첫 번째 신호》《던전 앤 드래곤 아트북》《마인크래프트 최강 전략 백과》 시리즈(건축 백과, 아쿠아틱, 멀티플레이어 모드)등이 있다.

# 토비의 작은 나무들
어린이를 위한 머신 러닝:
머신 러닝으로 나무의 종류를 맞혀요!

**초판 1쇄 발행** 2023년 6월 28일

**지은이** 로켓 베이비 클럽
**옮긴이** 강세중
**펴낸곳** ㈜에스제이더블유인터내셔널
**펴낸이** 양홍걸 이시원

**주소** 서울시 영등포구 국회대로 74길 12 시원스쿨
**구입 문의** 02)2014-8151
**고객센터** 02)6409-0878

**ISBN** 979-11-6150-723-1 77840

이 책은 저작권법에 따라 보호받는 저작물이므로 무단복제와 무단전재를 금합니다. 이 책 내용의 전부 또는 일부를 이용하려면 반드시 저작권자와 ㈜에스제이더블유인터내셔널의 서면 동의를 받아야 합니다.

시원주니어는 ㈜에스제이더블유인터내셔널의 어린이 단행본 브랜드입니다.

독자 여러분의 투고를 기다립니다.
책에 관한 아이디어나 투고를 보내주세요.
siwonbooks@siwonschool.com